Jedes Kind fiebert seinem Geburtstag entgegen. Es freut sich auf die Geschenke, aber mindestens ebenso auf die Feier mit seinen besten Freundinnen und Freunden. Um das Fest zu einem Erfolg werden zu lassen, sind viele Vorbereitungen nötig.

Hierzu gehört auch das Einladen der Gäste. Es ist besonders nett, wenn dies nicht, wie heute oft üblich, telefonisch geschieht, sondern mit selbst hergestellten Einladungskarten.

Es gibt eine Vielzahl von Gestaltungsmöglichkeiten für solche Karten. Sie sollten aber die Möglichkeit nutzen, den speziellen Festtag Ihres Kindes hier schon zu beginnen. Stellen Sie die Karte in direkten Zusammenhang mit dem Fest. Sie sollten mit Ihrer Einladung gezielt Erwartungen bei Ihren kleinen Gästen wecken. Die Kinder müssen wissen, ob sie ein Kostümfest, ein Sommerfest oder ähnliches erwartet.

Eine hübsche Fortsetzung der Einladungskarte ist die passende Tischkarte, die jeden Gast an seinen persönlichen Platz bringt.

Und nun viel Spaß!

Ihr Armin Täubner

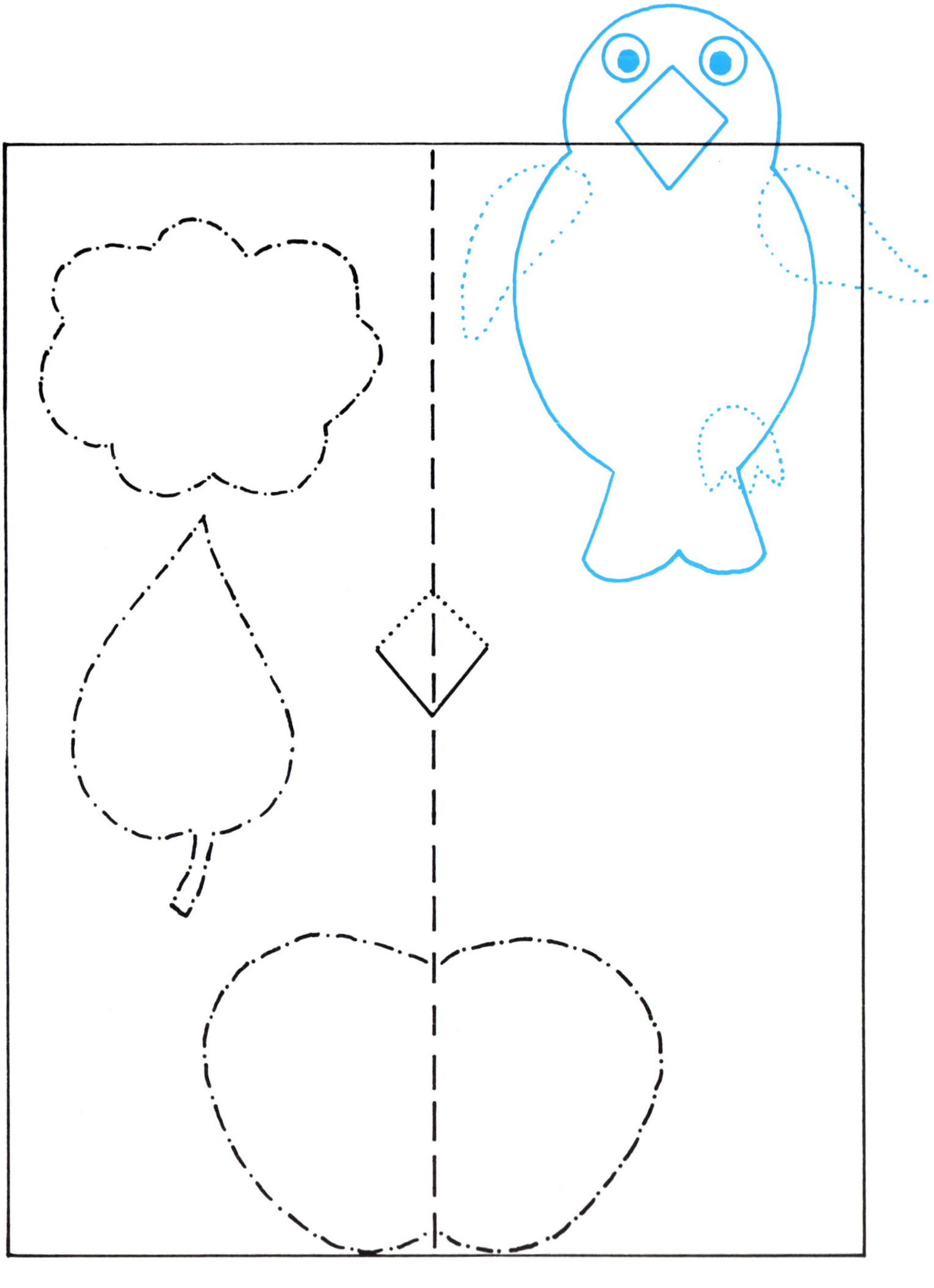

Armin Täubner

Kindergeburtstag

Einladungskarten
Tischkarten

Frech-Verlag Stuttgart

Für eine gewerbliche Nutzung der gezeigten Modelle ist die Genehmigung des Verlags erforderlich.

Fotos: Frech-Verlag GmbH + Co. Druck KG, D-70499 Stuttgart · Birgitt Gutermuth

Auflage: 11.
Jahr: 1997

Letzte Zahlen maßgebend

frech-verlag GmbH + Co. Druck KG, D-70499 Stuttgart

ISBN 3-7724-1320-X · Best.-Nr. 1320

Druck: Frech-Verlag GmbH + Co. Druck KG, D-70499 Stuttgart

Die blaue Karte mittig falten und mit dem Cutter den v-förmigen Einschnitt ziehen. Nun werden die beiden punktierten Linien nachgezogen, die Karte zusammengeklappt und der Schnabel nach innen gedrückt. Aus dem gelben Vogelkörper eine Raute für den Schnabel herausschneiden sowie v-förmige Einschnitte für die Federn ausführen. Der Vogel wird so auf die blaue Karte geklebt, daß der Schnabel genau in den gelben Schnabelausschnitt paßt.

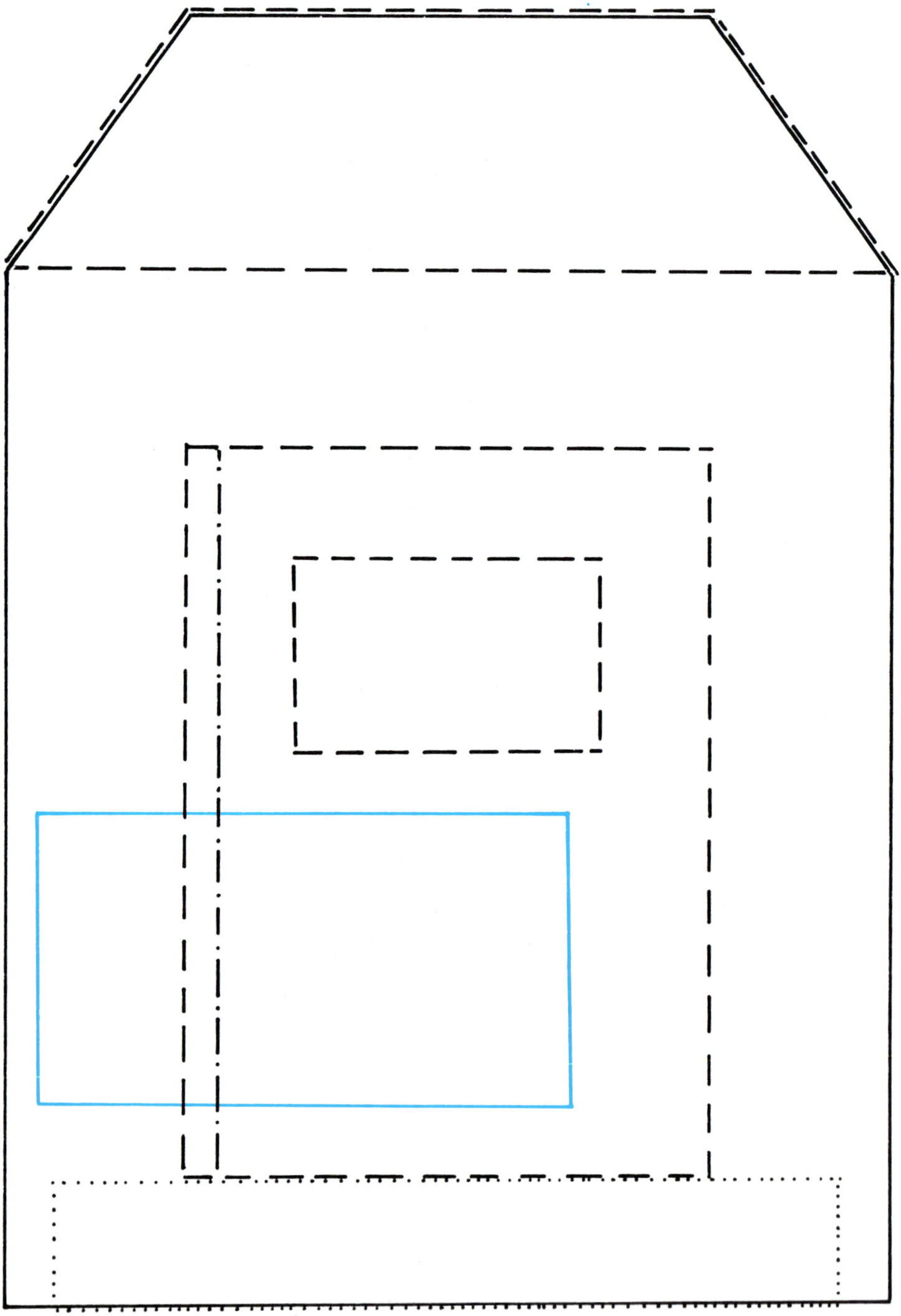

Teddybären *(Abbildung Seite 8)*

Einladungskarte:
Auf die gelbe Hauswand Dach und Stufe kleben. Aus der Tür wird mit dem Cutter ein Fenster herausgeschnitten. An der linken Türseite befindet sich ein Falz, so daß die Tür später auf- und zugeklappt werden kann. Mit blauem Filzstift die Konturen der Tür nachfahren. Der Bär wird in die geöffnete Tür geklebt. In seinen Tatzen hält er ein zuvor beschriftetes weißes Kärtchen.

Tischkarte:
Aus einem Papierrechteck (20 cm × 15 cm) ein Schiffchen falten. Das Segel samt Fähnchen und aufgemaltem Mast einkleben. Zum Schluß den Teddybären ins Schiff stellen.

Vorlagen in Originalgröße

Am Montag werde ich 10.
Du bist zu meiner Bärenparty
herzlich eingeladen.
Deine allerbeste Freundin
Susi
Anja

Vorlagen in Originalgröße auf Seite 10.

Einladungskarte:
Zuerst muß das ausgeschnittene Blatt beschriftet werden. Die zweiteilige Raupe auf Vorder- bzw. Rückseite des Blattes kleben. Das Blatt zusammen mit der zweiten Raupe auf der Karte befestigen.

Tischkarte:
Den Umriß des Blattes auf Tonpapier übertragen, das Papier entlang der gestrichelten Linie umschlagen und ausschneiden. Das aufgeklappte Blatt kann aufgestellt und beklebt werden.

Abbildung und Beschreibung
auf Seite 12.

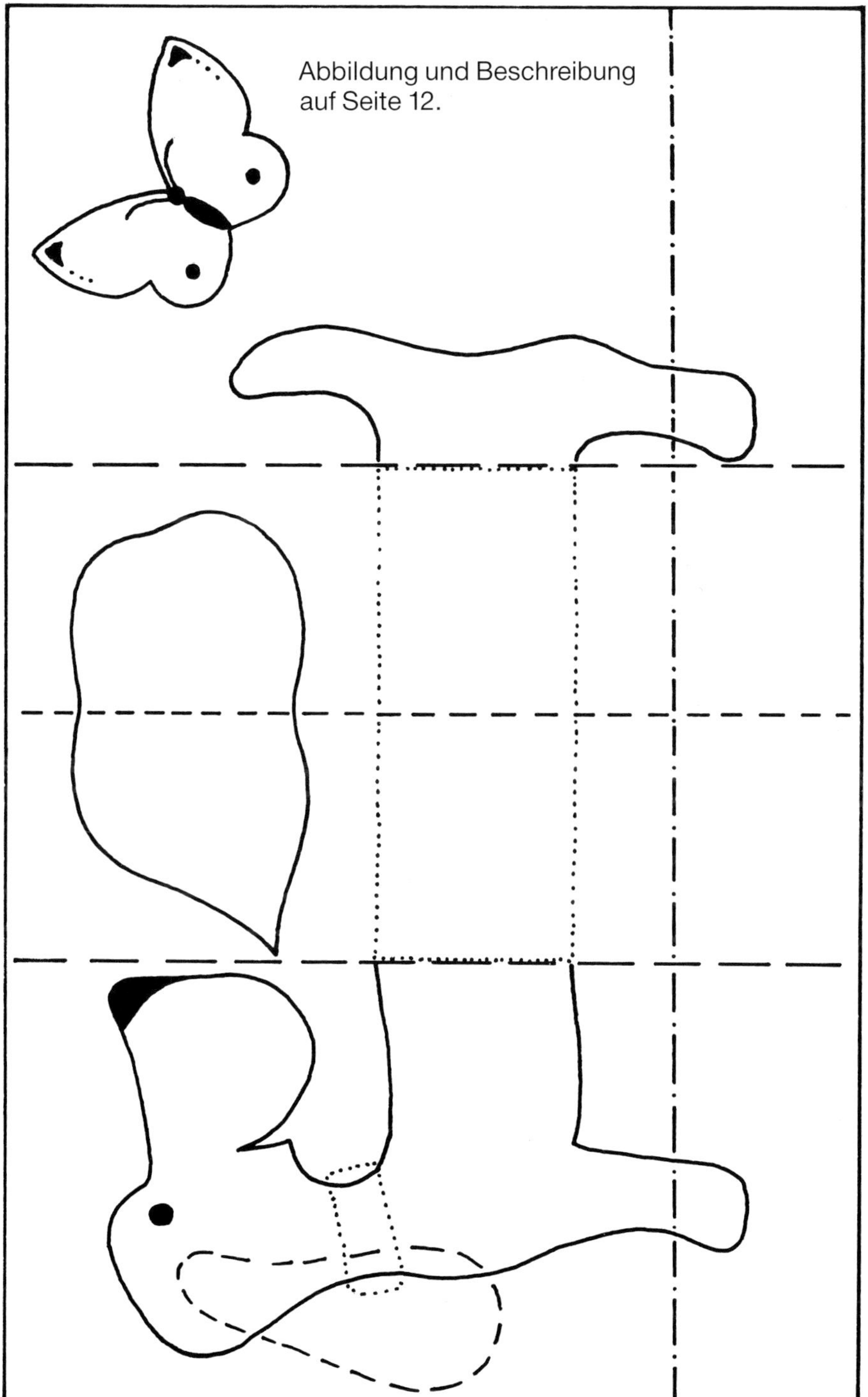

Ein superlanger Hund

Einladungskarte:
Auf die dunkelgrüne Karte zuerst den hellgrünen Grasstreifen kleben. Anschließend die Karte entlang der drei senkrecht gestrichelten Linien falten. Nun können Vorder- und Hinterleib des Hundes angeklebt werden. Das Zwischenstück (punktiert) in der Mitte falten, beschriften und aufkleben.

Tischkarte:
Derselbe Hund, jedoch ohne Zwischenstück, wird zusammen mit einem Namensschild auf ein gefaltetes Kartonrechteck geklebt.

Drachen *(Abbildung Seite 14)*

Die Tischkarte wird auf der Rückseite durch einen Kartonstreifen (gestrichelt), der entlang der strichpunktierten Linie umgeklappt wird, abgestützt. Für das Aufmalen der Drachengesichter und der Drachenschnüre eignet sich am besten ein feiner, schwarzer Filzstift. Evtl. kann leicht mit Bleistift vorgezeichnet werden.

Der Wörterwurm

Vorlagen in Originalgröße auf Seite 16.

Die gelbe Karte kann entweder mit oberem oder linkem Falz ausgeschnitten werden. Nach dem Aufkleben des Rasenstücks werden mit dem Cutter zwei sichelförmige Einschnitte in die Kartonvorderseite gemacht. Den beschrifteten Wurm so in die beiden Schlitze stekken, daß nur Kopf und Schwanz sichtbar sind. Ein zusätzlicher Text findet im Karteninnern Platz.

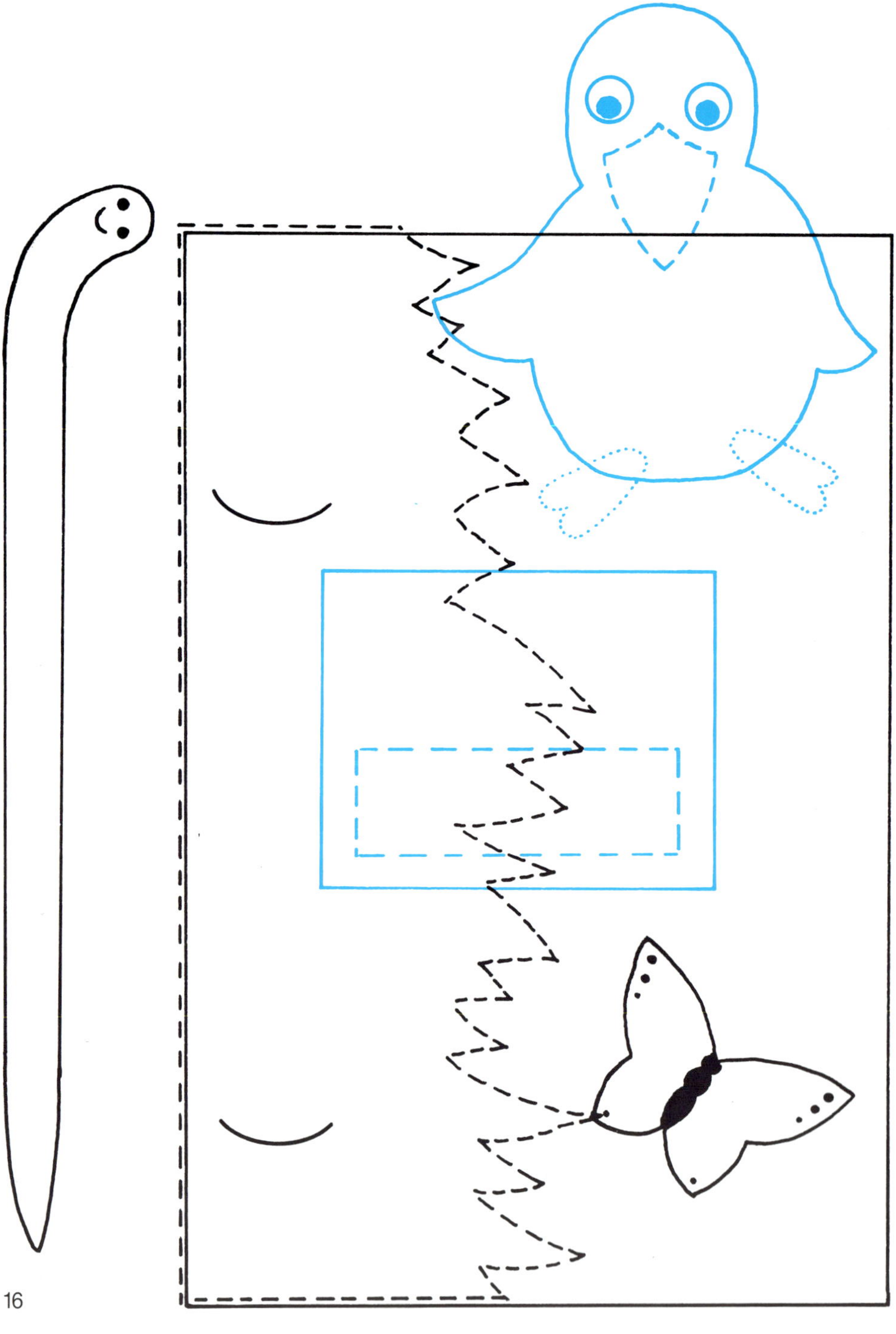

Einladung zur Käseparty

Vorlagen in Originalgröße
auf Seite 18.

Der Mäusekörper wird auf Tonpapier übertragen, entlang der gestrichelten Linie umgeklappt und ausgeschnitten. An der Schnauze werden die beiden Mäusehälften zusammengeklebt, das Maul ausgeschnitten sowie Augen, Nase und Ohren angebracht. Für die Einladungskarte ist nur eine Mäusehälfte notwendig.

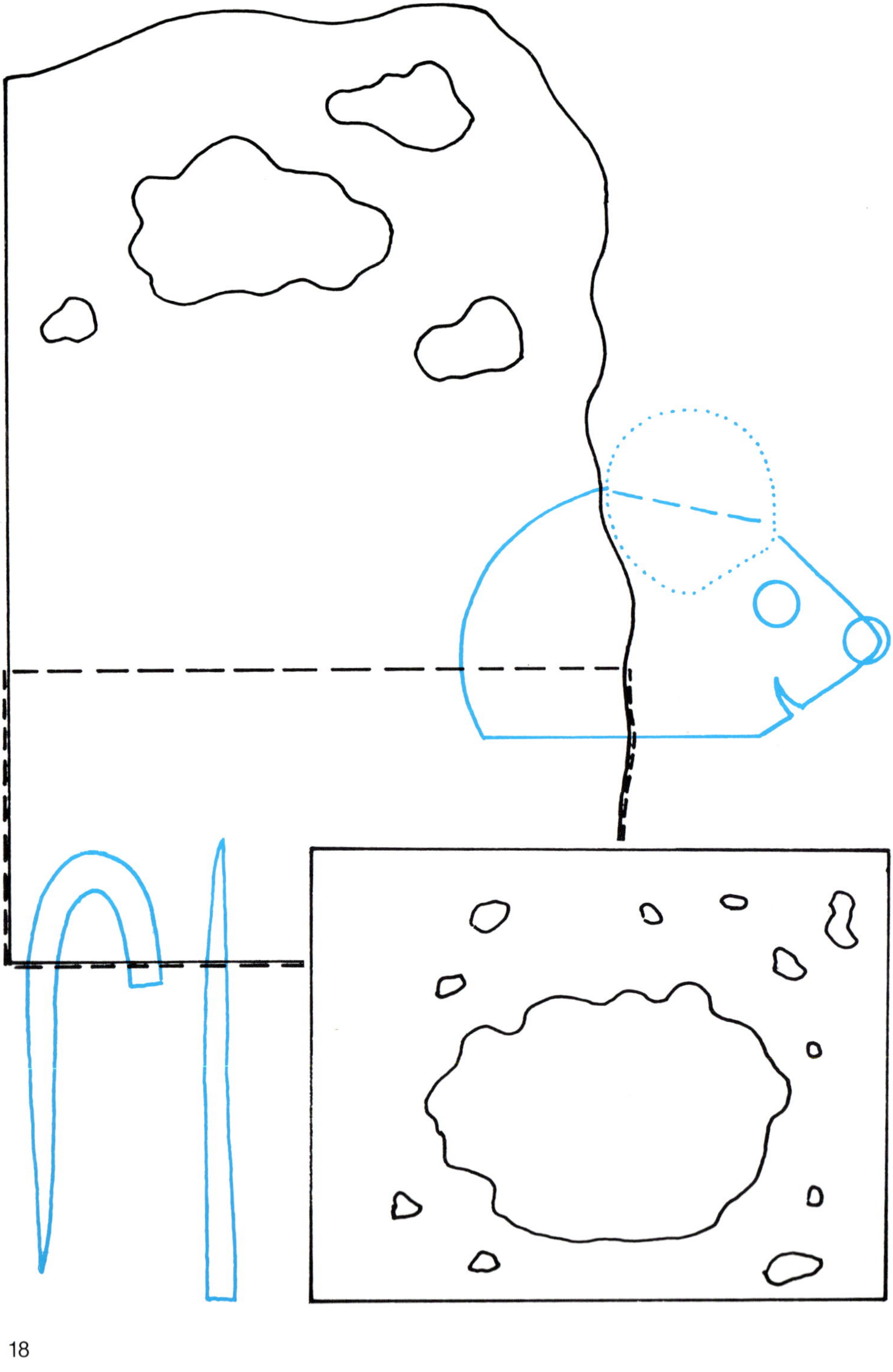

Ist die Maus zuhaus?

Einladungskarte:
Die braune Karte mit linkem Falz ausschneiden. Mit dem Cutter wird die aufklappbare Tür mit rechtem Falz (punktiert) eingeschnitten. Mit weißem Papier in etwas kleinerem Format die gegenüberliegende Karteninnenseite bekleben.

Tischkarte:
Auf graues Tonpapier den Mäusekörper übertragen und entlang der gestrichelten Linie auf dem Rücken umschlagen. Nun wird die Maus ausgeschnitten. Der aufklappbare Körper wird nur am Kopf zusammengeklebt. Gesicht aufmalen und die punktierten Körperteile ankleben. Zwischen die Beine wird das Buch bzw. Paket mit dem Namensschild gesteckt oder geklebt.

Vorlagen in Originalgröße
auf Seite 20.

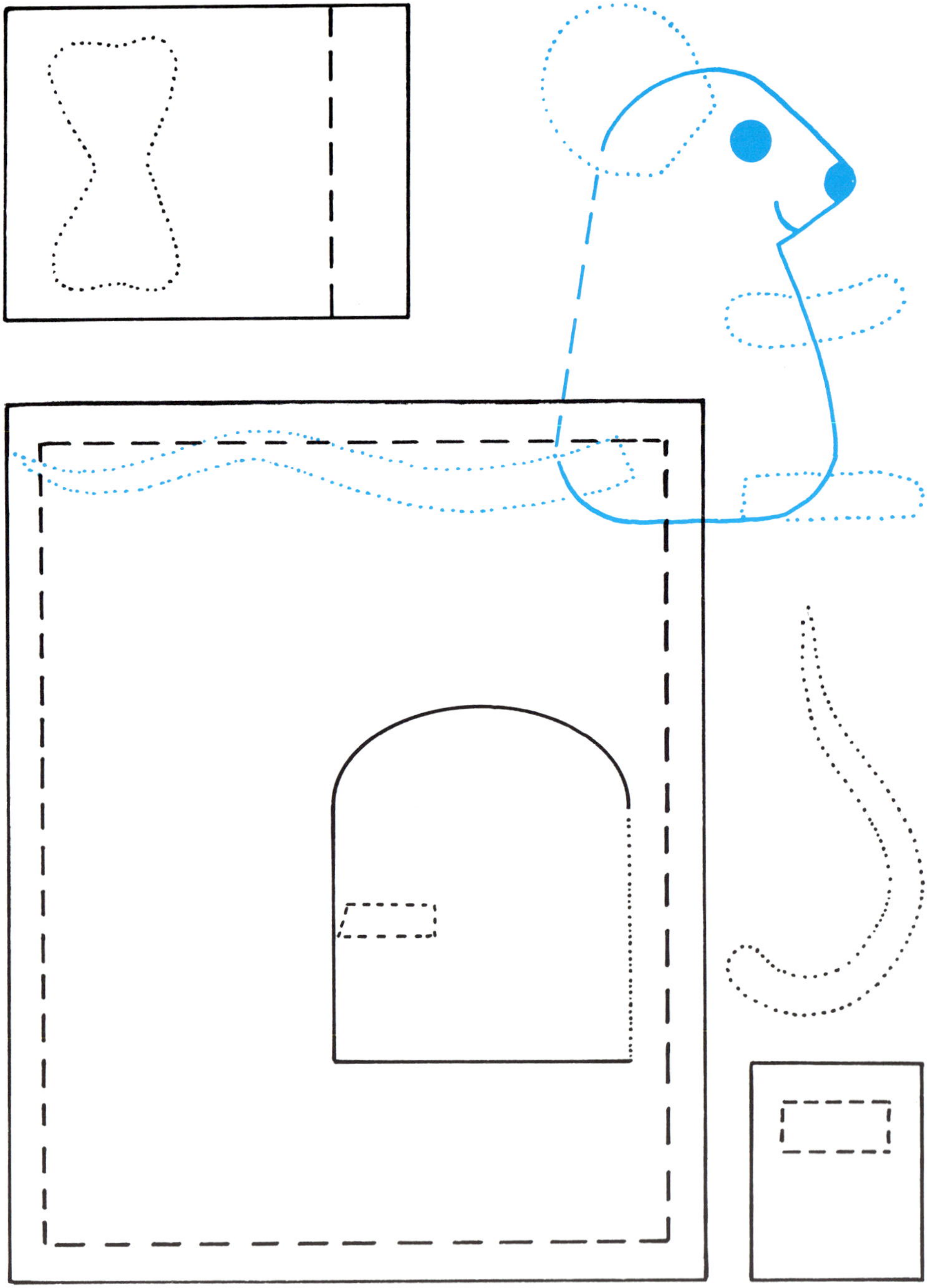

Schweinchen

Vorlagen in Originalgröße auf Seite 22.

Diese Schweinchen bestehen alle aus denselben Grundformen.

Der Schirm besteht aus einer Papierscheibe (Radius 3,5 cm) und wird entlang der durchgezogenen bzw. gestrichelten Linie nach oben bzw. nach unten gefaltet und nun auf ein Schaschlikstäbchen gesteckt.

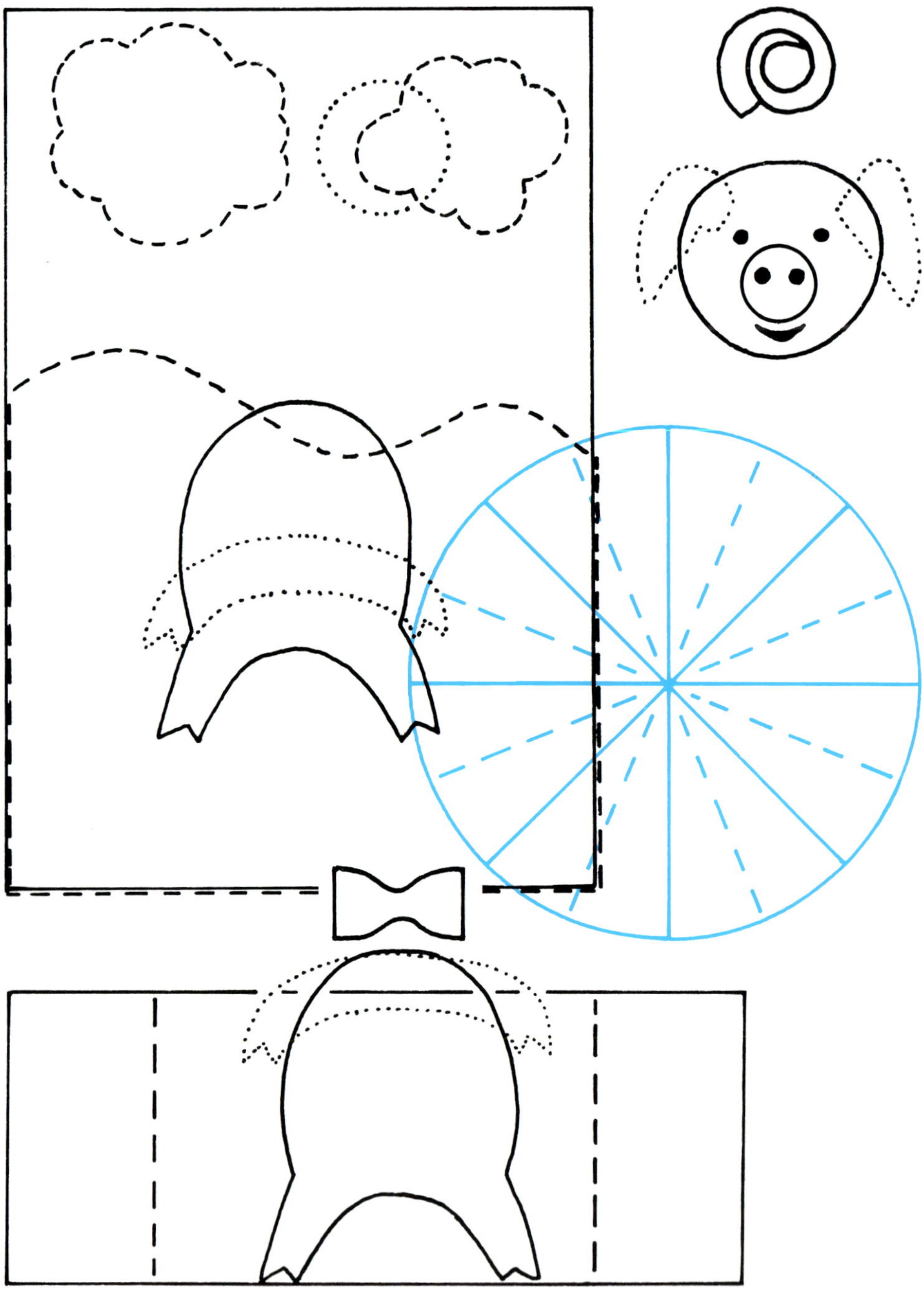

Was leuchtet rot
im grünen Gras?

Was leuchtet rot im grünen Gras?

Diese Karten sind wirklich kinderleicht. Die Einzelformen werden einfach ausgeschnitten und auf der Einladungs- oder Tischkarte angeordnet und fixiert.

Sei doch kein Frosch…

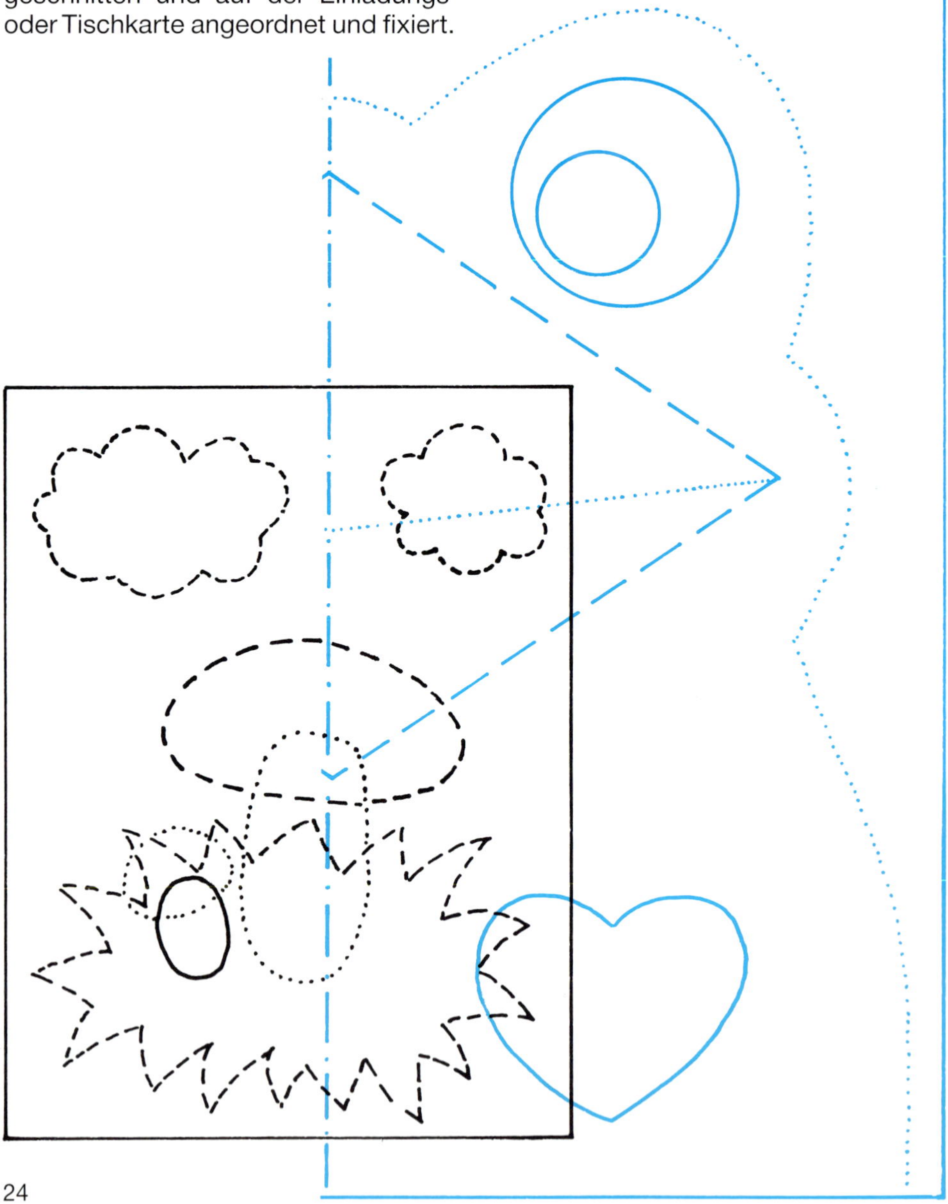

Sei doch kein Frosch...

Bei dieser Klappkarte wird zunächst die rote Karte ausgeschnitten und in der Mitte gefaltet. Nun kann aus grünem Papier der Frosch ausgeschnitten werden. Den Frosch ebenfalls in der Mitte falten und das Froschmaul (punktiert) einschneiden. Die Karte aufklappen und mit Nagelfeile und Lineal die gestrichelten Linien rund ums Maul nachziehen. Jetzt wird der Frosch vorsichtig zugeklappt und dabei das Maul entlang der nachgezogenen Linien nach vorne umgeschlagen. Dadurch öffnet sich bei jedem Aufklappen des Frosches sein Maul. Der Frosch wird nun mittig auf die rote Karte geklebt. Augen und Herz mit dem Namen des Kindes ebenfalls anbringen. Der Einladungstext kann auf ein Kärtchen geschrieben und ins Froschmaul gesteckt werden. Er wird dann beim Öffnen der Karte sichtbar.

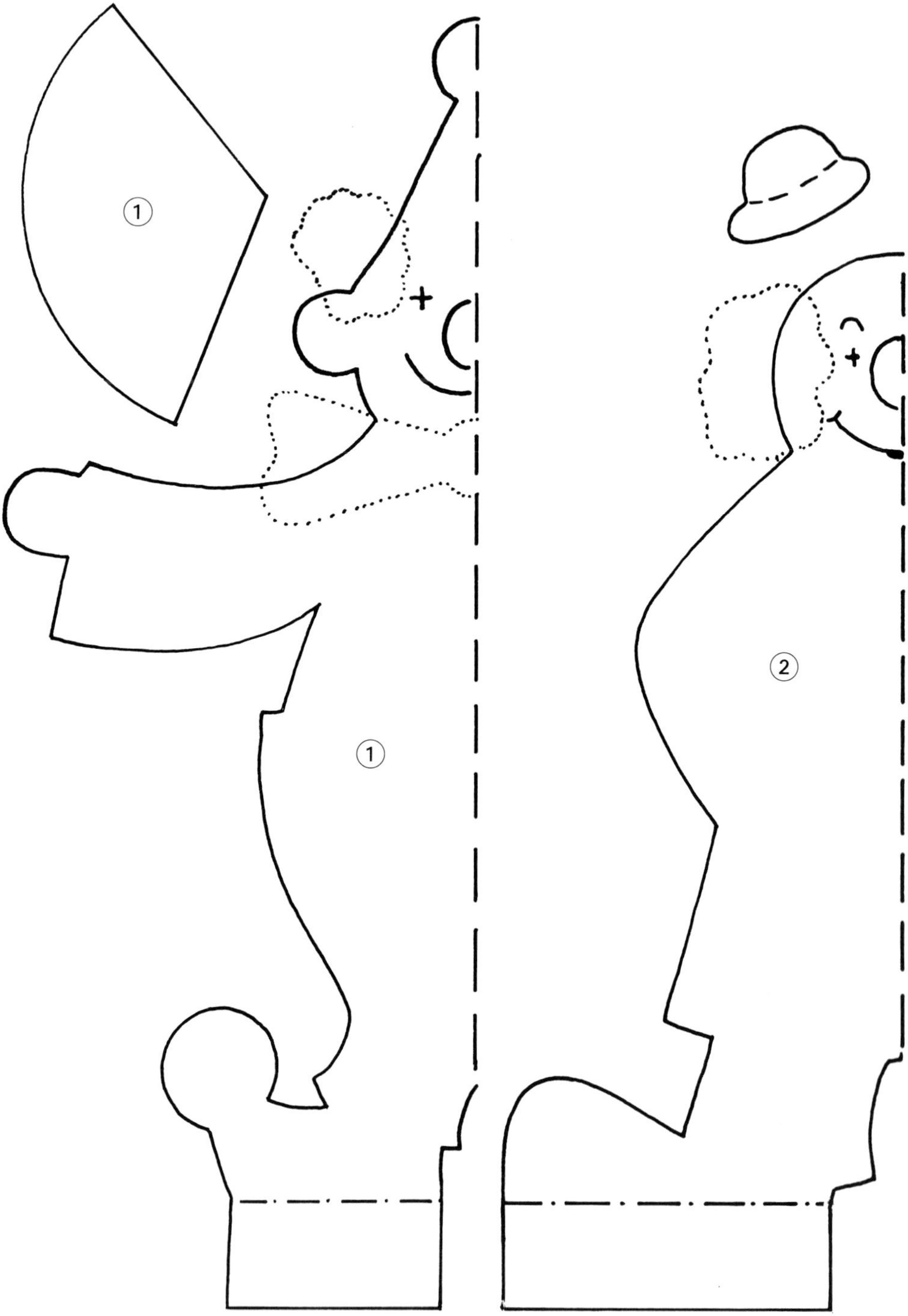
①
①
②

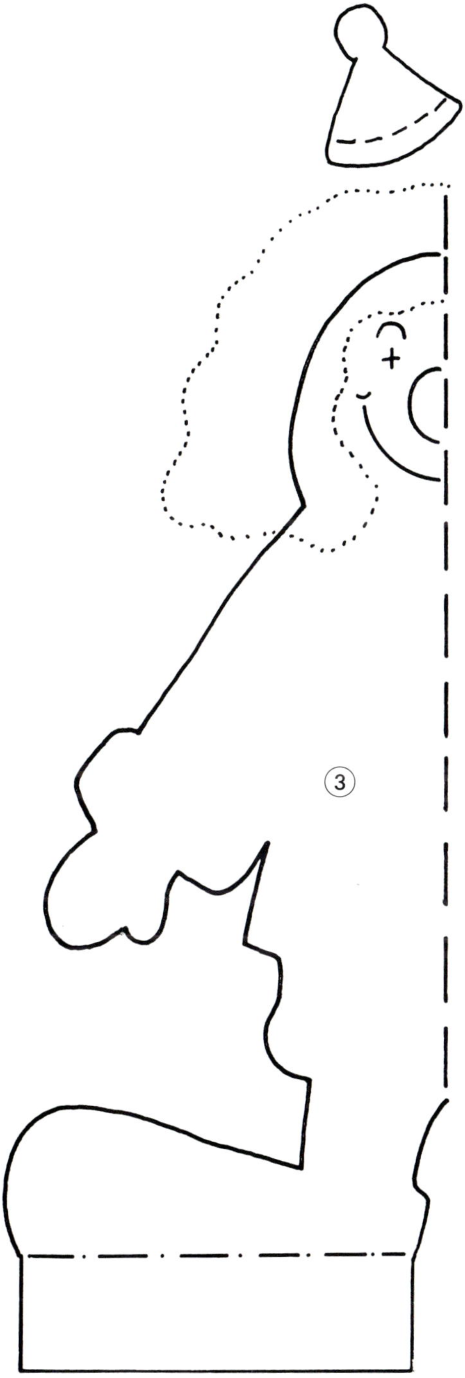

Drei lustige Clowns

Stets wird nur der Umriß des halben Clowns auf weißen Tonkarton übertragen. Mit der Nagelfeile nun die Clownmitte (gestrichelte Linie) nachziehen und den Karton so entlang der gestrichelten Linie umklappen, daß die Clownhälfte sichtbar ist. Jetzt wird der Umriß der Clownhälfte nachgeschnitten und der Clown aufgeklappt. Mit Filzstiften und Buntpapier den Clown verzieren. Entlang der strichpunktierten Linien an den Fußsohlen wird der Karton nach vorne umgeschlagen und von unten an das Kreissegment mit dem aufgeschriebenen Namen geklebt.

Abbildung Umschlag-Rückseite.

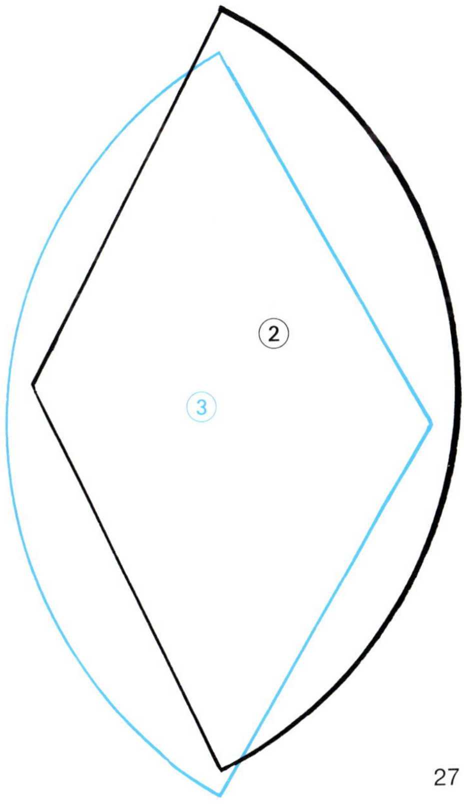

Teddybären laden ein

Stehender Teddy:
Das Buch entlang der gestrichelten Linie umschlagen. An den Teddyarmen und am oberen seitlichen Buchrand werden kleine Einschnitte gemacht, so daß beides ineinandergesteckt werden kann.

Sitzender Teddy:
Am Sessel bis auf die gestrichelten Linien sämtliche Linien nachschneiden. Von den drei mittleren, waagerecht gestrichelten Linien an der obersten den Karton nach vorne, an den beiden anderen nach hinten umklappen. Nun die Seitenteile des Sessels nach hinten biegen. Die unteren Teile der Seitenteile mit dem kleinen Kreuz in der Mitte, werden ebenfalls nach hinten gebogen und am Mittelteil angeklebt.

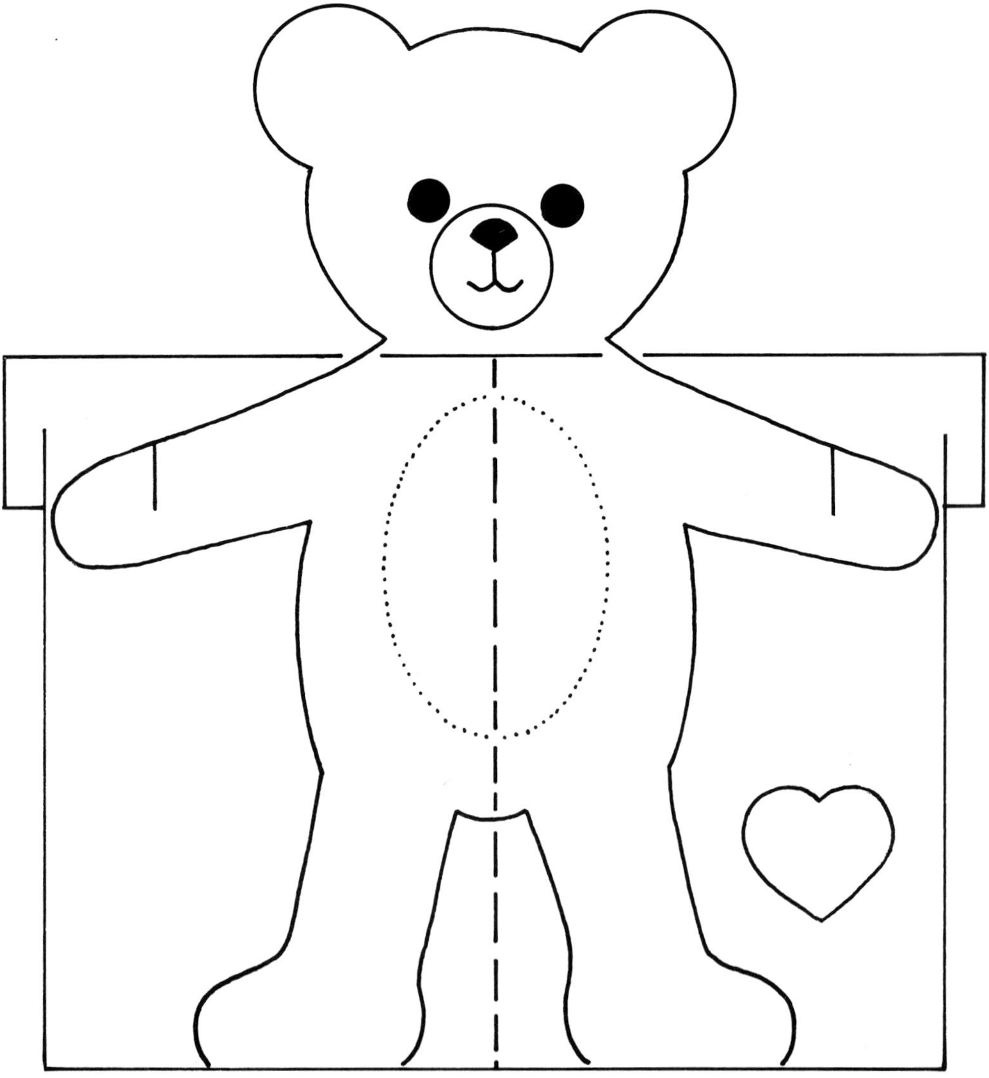

Einladung
für
Daniel

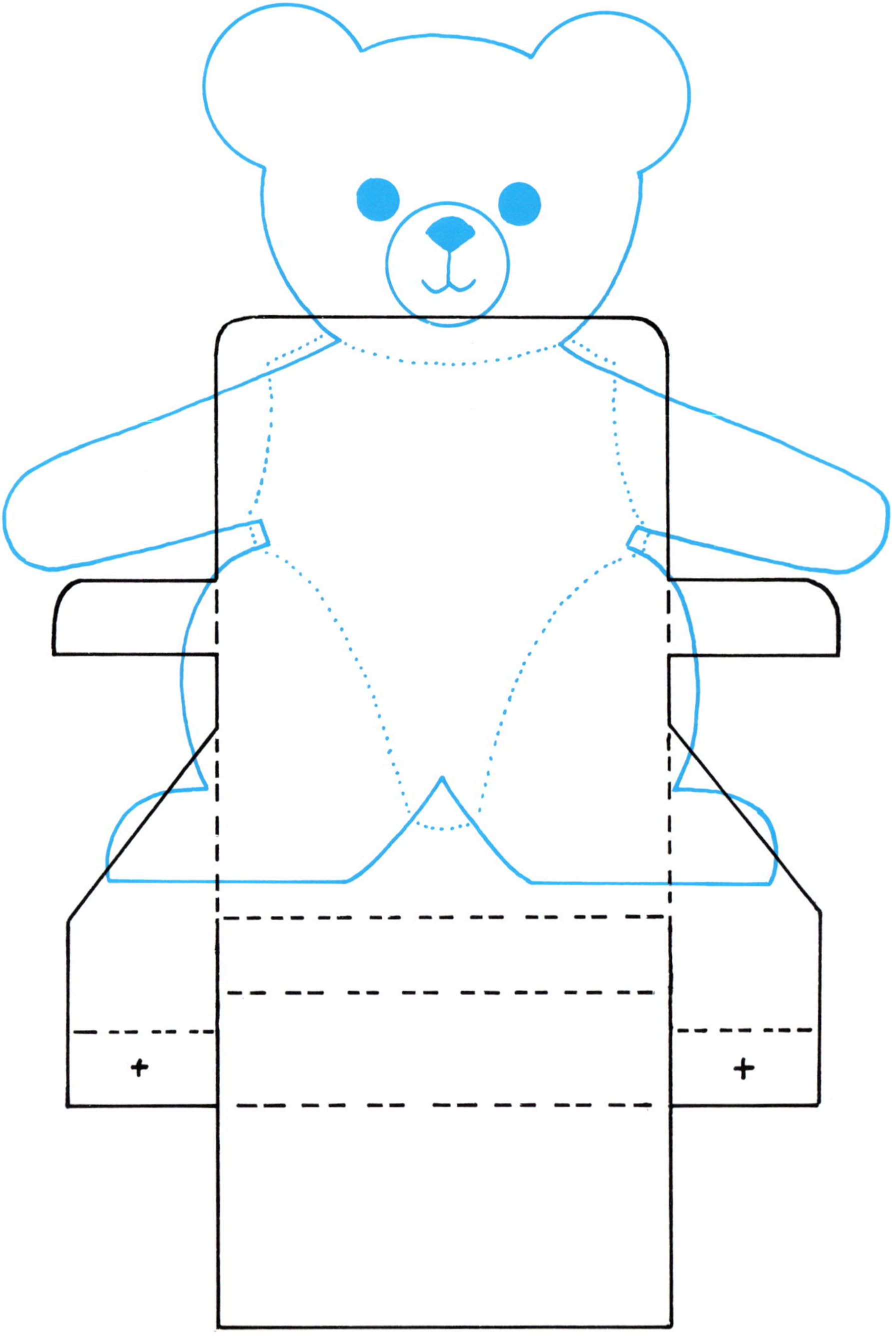

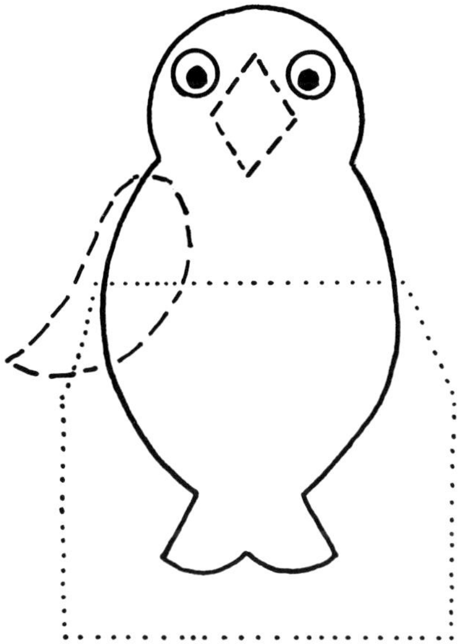

Dieses Häuschen ist bereits bewohnt...

Das Häuschendach entsteht dadurch, daß die drei waagerechten Linien mit der Nagelfeile nachgezogen und der Karton nach vorne umgeklappt wird. Mit dem Cutter das Flugloch herausschneiden. Entlang der senkrechten gestrichelten Linie wird die linke Kartenhälfte nach hinten umgeklappt und daran der Vogel so festgeklebt, daß der Kopf durch das Flugloch sichtbar ist.

Abbildung Seite 32.

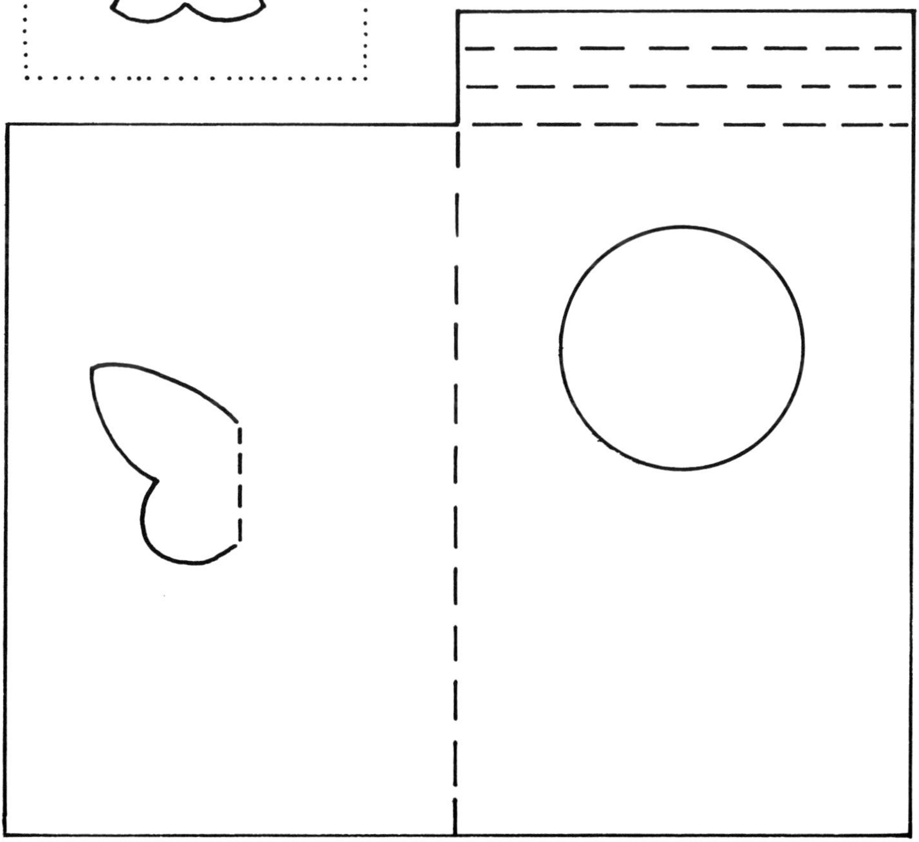

Schaukelkarte

Die Schaukel besteht aus einer runden Kartonscheibe (Radius 5,6 cm), die in der Mitte gefaltet wird. Am Vogelkörper Augen, Schnabel und Flügel ankleben. Die waagerechte, punktierte Linie in Fußhöhe mit der Nagelfeile nachziehen und nach hinten umklappen. Von hinten den Vogel, die halbkreisförmigen Füße und das Namensschild anbringen.

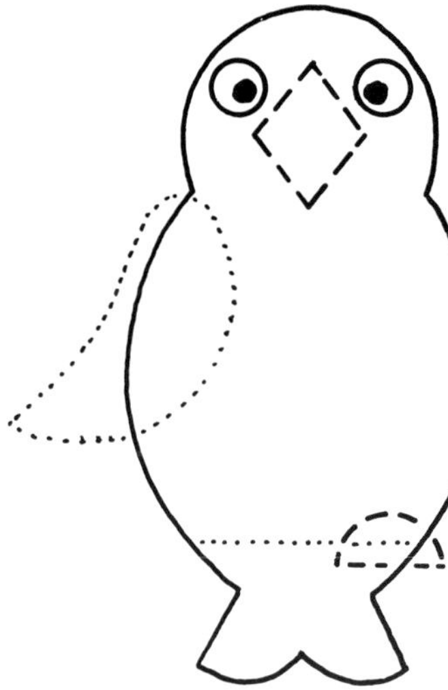

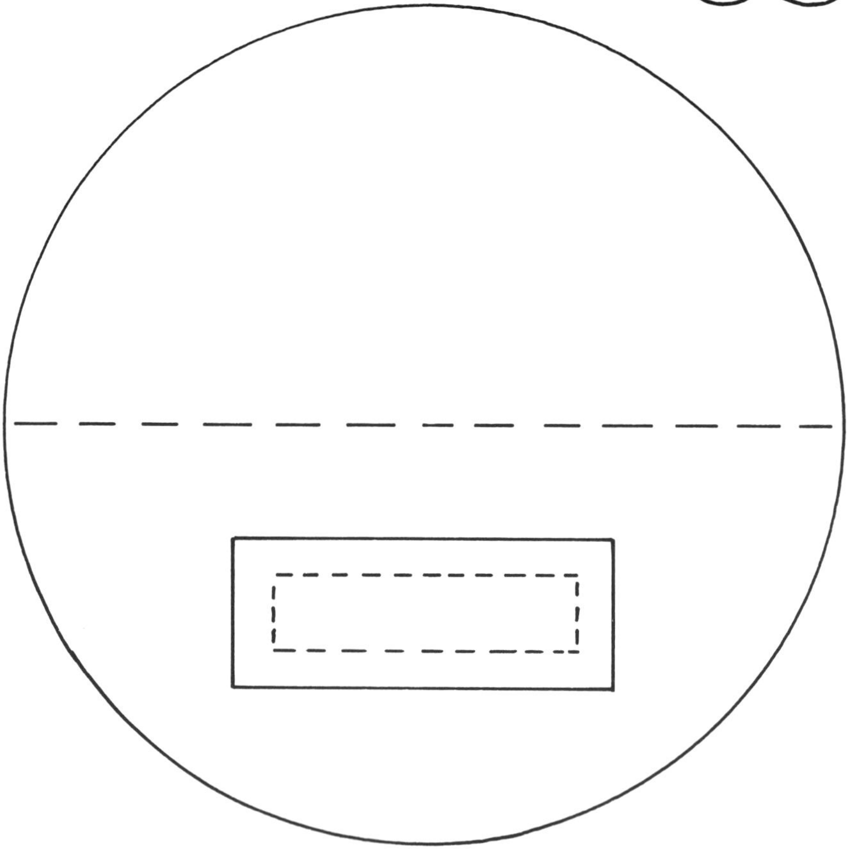

Im schönsten Apfel ist die dickste Made

Während aus der Tischkarte zwei Fraßlöcher mit dem Cutter herausgeschnitten werden müssen, wird bei der anderen Karte einfach ein kleines weißes Kartonstück aufgeklebt, das das Fruchtfleisch andeuten soll. Auch die Made wird nur ausgeschnitten und aufgeklebt. Für die Tischkarte muß aus zwei Papierstreifen (30 cm lang, 1 cm breit) eine Ziehharmonika gefaltet werden. An der Tischkartenrückseite wird schließlich ein Kartonstreifen (punktiert) befestigt.

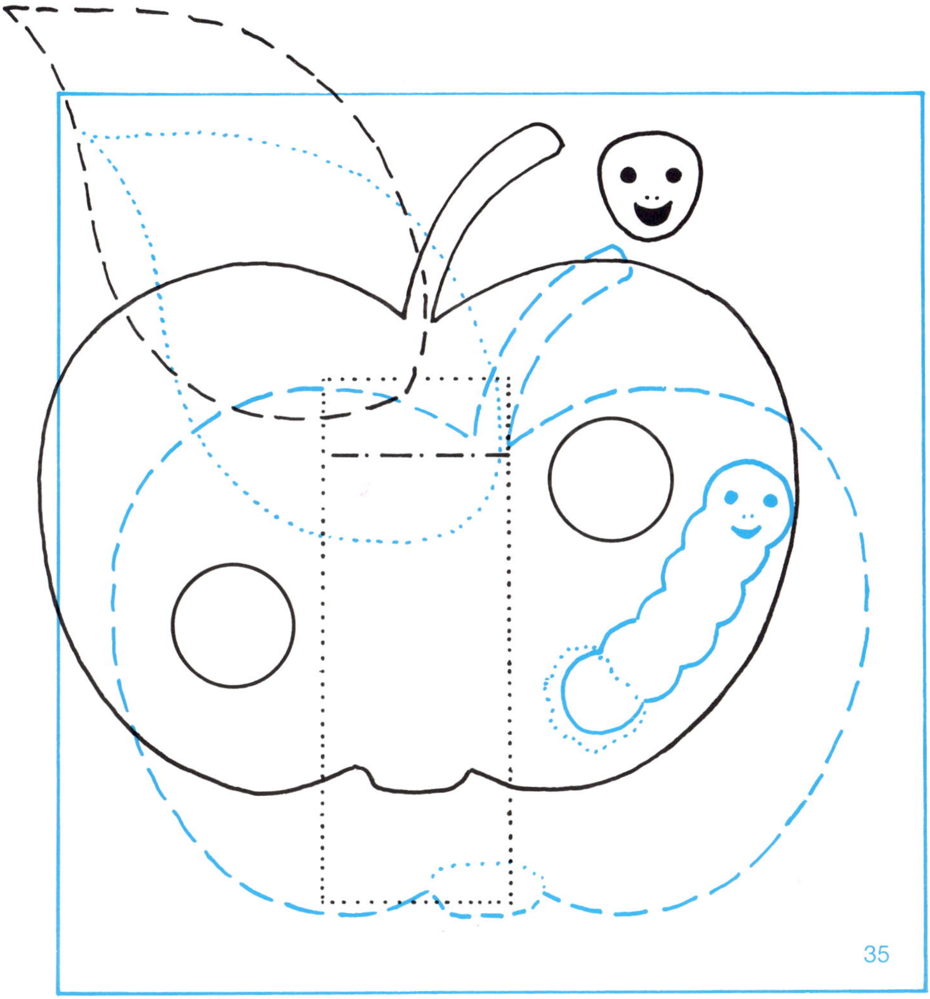

Marc

Nach dem Übertragen der Umrisse wird mit dem Cutter der Bereich zwischen den Blumenstengeln und den Blättern herausgeschnitten. Die Tischkarte entlang der gestrichelten Linien nach hinten umklappen.

Während die Blüten der Einladungskarte stets aus einem Teil bestehen, wird bei der Tischkarte ein Blütenteil entlang der gestrichelten Linie gefaltet und mittig auf das zweite Blütenteil geklebt.

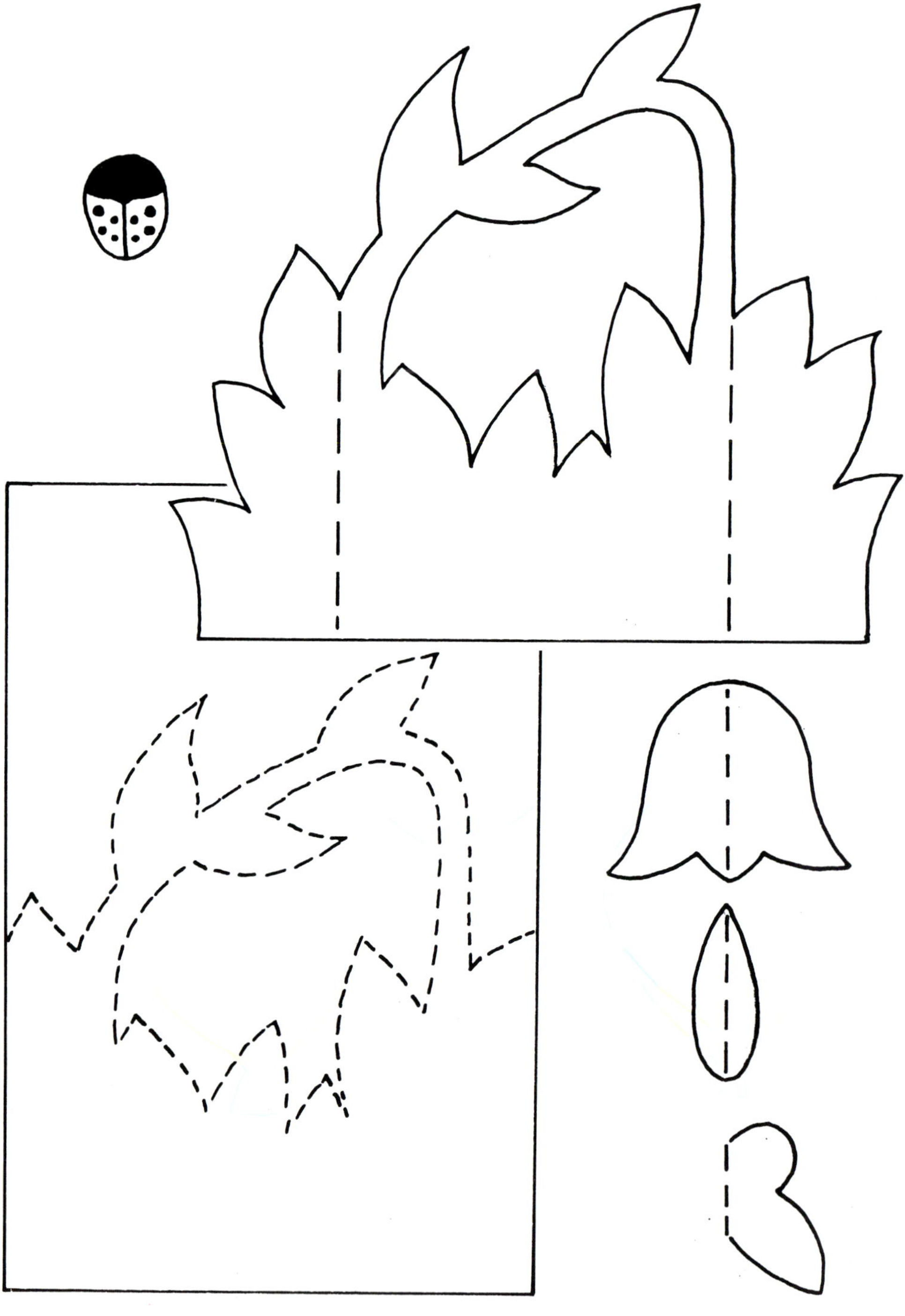

Bunte Luftballons

Bei der Einladungskarte befindet sich der Falz links, bei der Tischkarte oben. Sind die Wolken und Luftballons erst einmal aufgeklebt, werden mit feinem, schwarzen Filzstift die Schnüre aufgemalt. Mit der Schere können abschließend noch die Ecken abgerundet werden.

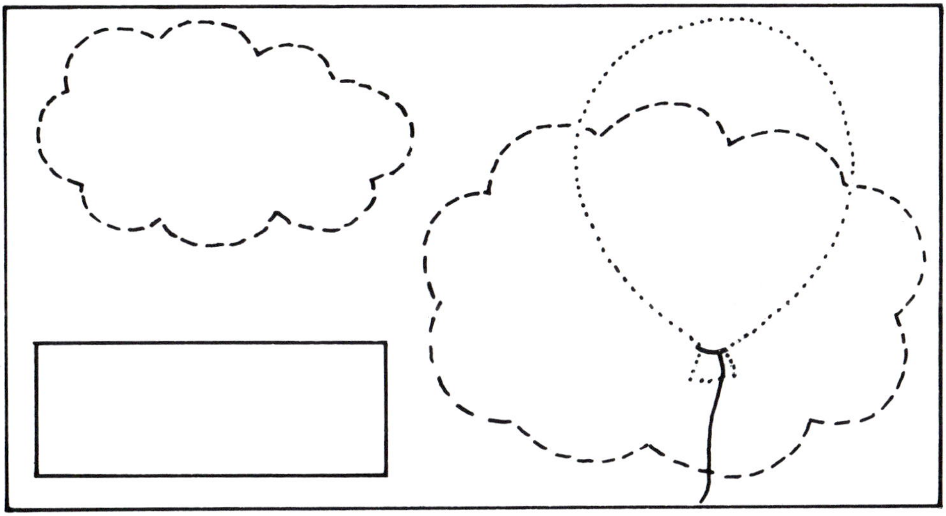

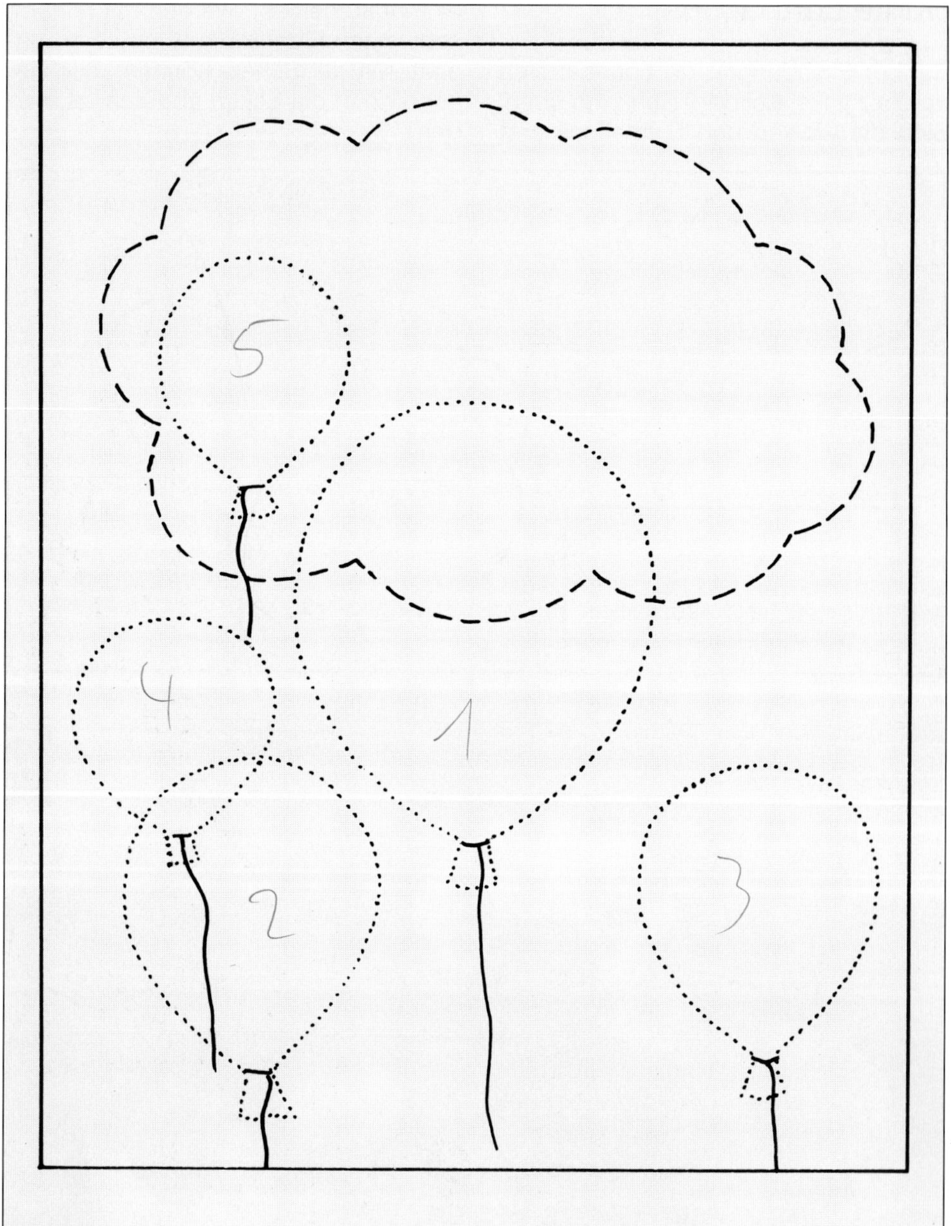
5
4
1
2
3

Kommt ein Vogel geflogen…

Abbildung und Beschreibung auf Seite 42.

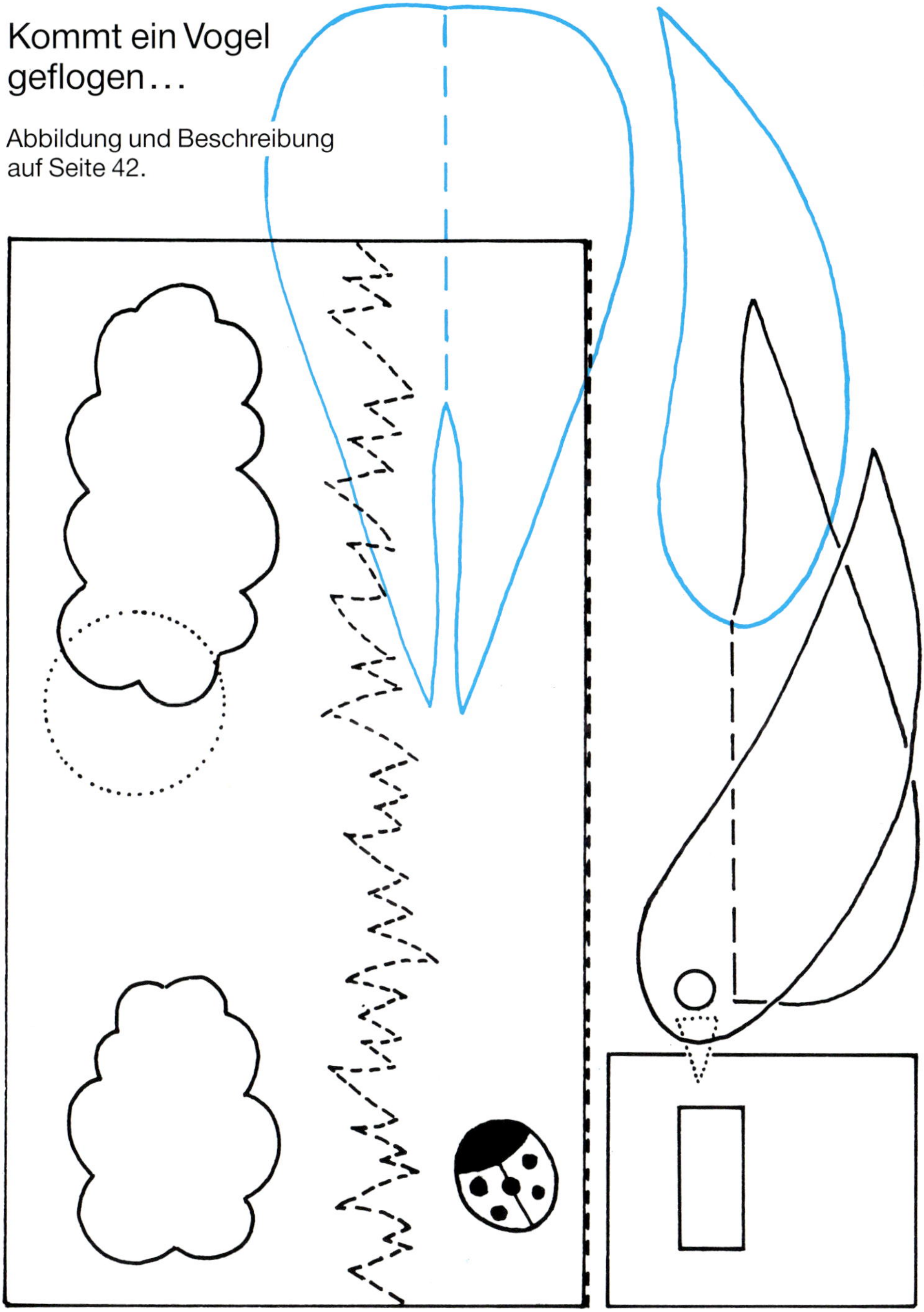

Kommt ein Vogel geflogen…

Tischkarte:
Der weiße Rumpf wird entlang der gestrichelten Linie gefaltet und so aufgestellt, daß sich der Falz oben befindet. Von beiden Seiten werden die schwarzen Flügel angeklebt. Dazwischen muß vorher noch der doppelt ausgeschnittene Schnabel geklebt werden, in den später das Namensschild gesteckt wird.

Einladungskarte:
Ist die Wiese aufgeklebt, werden Schwalbe, Sonne, Wolken und Marienkäfer angeordnet.

Marienkäfer

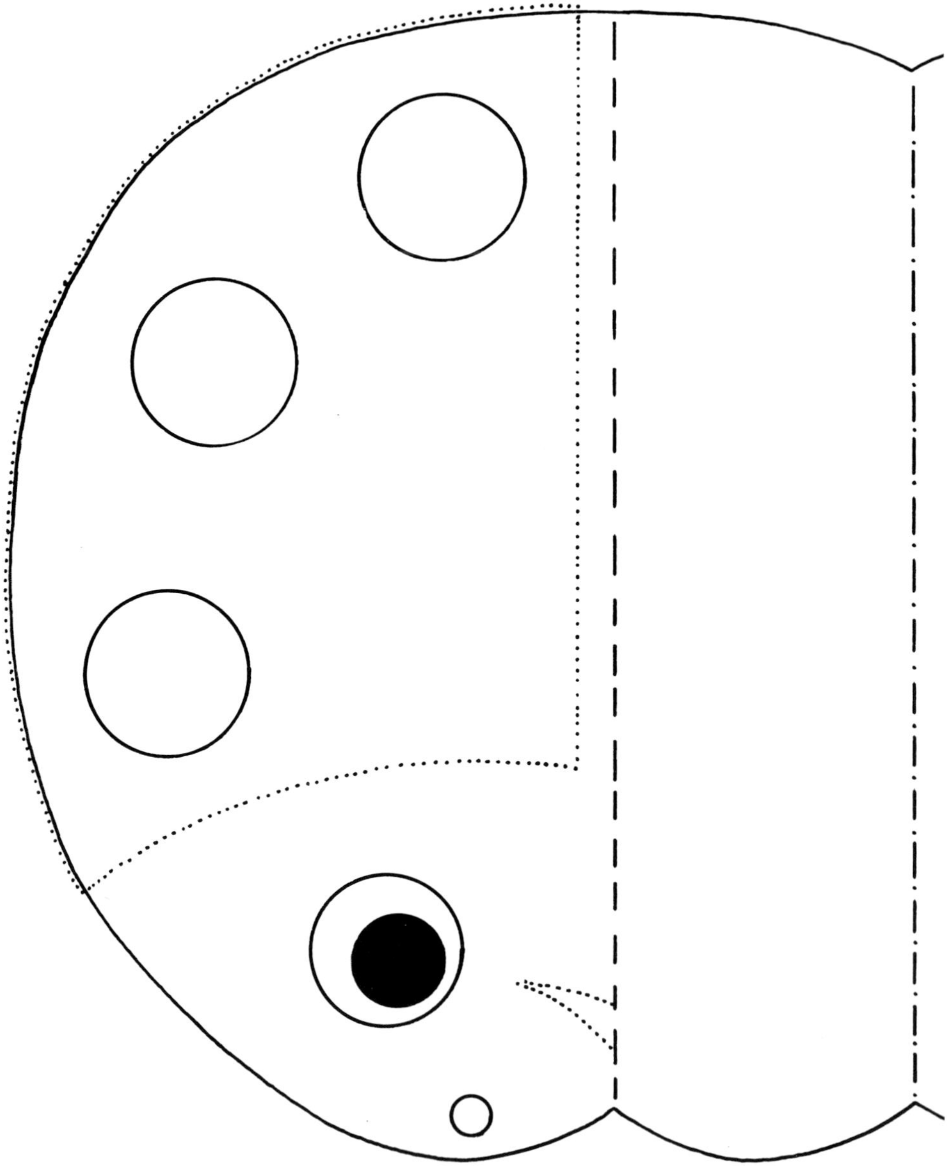

Marienkäfer

Nach dem Ausschneiden wird das große schwarze Teil entlang der strichpunktierten Linie gefaltet. Anschließend wird dieses Teil nochmals entlang der beiden gestrichelten Linien in entgegengesetzter Richtung gefaltet. Den Käfermund in die zusammengefaltete Karte einschneiden. Auf den schwarzen Rumpf die roten Flügel samt Punkten und Namensschild kleben.

Daniel und Julia

Diese Karten können sowohl als Einladungs- als auch als Tischkarten verwendet werden. Aus verschiedenfarbigen Kartons wird die gewünschte Haarfarbe und Frisur ausgeschnitten. Zunächst den Kartenumriß (durchgezogene Linie) auf Tonkarton übertragen. Den späteren Falz auf der linken Seite mit Lineal und Nagelfeile nachziehen, die Karte umklappen und ausschneiden.

Auf die zugeklappte Karte den runden Kopf sowie Arme und Hände kleben.

Die Arme werden nur an den Schultern fixiert, weil sonst der Brief nicht mehr unter die Hände geschoben werden kann. Nun wird das Haar aufgeklebt. Das Gesicht mit Bleistift vorzeichnen und mit schwarzem Filzstift nachziehen. Anschließend werden die Schuhe angeklebt.